HISTOIRE
D'ELISABETH CANNING,
ET
DE JEAN CALAS.

D'ELIZABETH CANNING.

J'Etais à Londres en 1753, quand l'avanture de la jeune *Elizabeth Canning* fit tant de bruit. *Elizabeth* avait disparu pendant un mois de la maison de ses parens; elle revint maigre, défaite, & n'ayant que des habits délabrés. Eh mon Dieu! dans quel état vous revenez! où vous avez été! d'où venez-vous? que vous est-il arrivé? Hélas! ma tante, je passais par Morfilds pour retourner à la maison, lorsque deux bandits vigoureux me jettèrent par terre, me volèrent, & m'emmenèrent dans une maison à dix milles de Londres.

La tante & les voisines pleurèrent à ce récit.

A

Ah! ma chère enfant, n'eſt-ce pas chez cette infame madame *Web*, que ces brigands vous ont menée? car c'eſt juſte à dix milles d'ici qu'elle demeure; *Oui, ma tante, chez madame Web.* Dans cette grande maiſon à droite? *Juſtement, ma tante.* Les voiſines dépeignirent alors madame *Web*; & la jeune *Canning* convint que cette femme était faite préciſément comme elles le diſaient. L'une d'elles apprend à miſs *Canning* qu'on joue toute la nuit chez cette femme, & que c'eſt un coupe-gorge où tous les jeunes gens vont perdre leur argent. *Ah! un vrai coupe-gorge*, répondit *Elizabeth Canning.* On y fait bien pis, dit une autre voiſine; ces deux brigands qui ſont couſins de madame *Web*, vont ſur les grands chemins prendre toutes les petites filles qu'ils rencontrent, & les font jeuner au pain & à l'eau juſqu'à ce qu'elles ſoient obligées de s'abandonner aux joueurs qui ſe tiennent dans la maiſon. Hélas! ne t'a-t-on pas miſe au pain & à l'eau, ma chère niéce? *Oui, ma tante.* On lui demande ſi ces deux brigands n'ont point abuſé d'elle, & ſi on ne l'a pas proſtituée? elle répond qu'elle s'eſt défendue, qu'on l'a accablée de coups, &

que sa vie a été en péril. Alors la tante & les voisines recommencèrent à crier & à pleurer.

On mena aussi-tôt la petite *Canning* chez un monsieur *Adamson*, protecteur de la famille depuis longtems : c'était un homme de bien qui avait un grand crédit dans sa paroisse. Il monte à cheval avec un de ses amis aussi zélé que lui ; ils vont reconnaître la maison de madame *Web* ; ils ne doutent pas en la voyant que la petite n'y ait été renfermée ; ils jugent même en apercevant une petite grange où il y a du foin, que c'est dans cette grange qu'on a tenu *Elizabeth* en prison. La pitié du bon *Adamson* en augmenta : il fait convenir *Elizabeth* à son retour, que c'est là qu'elle a été retenue ; il anime tout le quartier ; on fait une souscription pour la jeune demoiselle si cruellement traitée.

A mesure que la jeune *Canning* reprend son embonpoint & sa beauté, tous les esprits s'échauffent pour elle. Monsieur *Adamson* fait présenter au sherif une plainte au nom de l'innocence outragée. Madame *Web* & tous ceux de sa maison qui étaient tranquilles dans leur campagne, sont arrêtés, & mis tous au cachot.

Mr. le shérif pour mieux s'inftruire de la vérité du fait, commence par faire venir chez lui amicalement une jeune fervante de madame *Web*, & l'engage par de douces paroles à dire tout ce qu'elle fait. La fervante qui n'avait jamais vû en fa vie mifs *Canning*, ni entendu parler d'elle, répondit d'abord ingénument, qu'elle ne favait rien de ce qu'on lui demandait; mais quand le shérif lui eut dit qu'il faudroit répondre devant la juftice, & qu'elle ferait infailliblement pendue fi elle n'avouait pas, elle dit tout ce qu'on voulut : enfin, les jurés s'affemblèrent, & neuf perfonnes furent condamnées à la corde.

Heureufement en Angleterre aucun procès n'eft fecret, parce que le châtiment des crimes eft deftiné à être une inftruction publique aux hommes, & non pas une vengeance particulière. Tous les interrogatoires fe font à portes ouvertes, & tous les procès intéreffans font imprimés dans les journaux.

Il y a plus; on a confervé en Angleterre une ancienne loi de France, qui ne permet pas qu'aucun criminel foit exécuté à mort, fans que le procès ait été préfenté au roi, & qu'il en ait signé l'arrêt. Cette loi si sage, si humaine, si nécessaire, a été enfin mise en oubli en France, comme beaucoup d'autres ; mais elle est observée dans presque toute l'Europe, elle l'est aujourd'hui en Russie, elle l'est à la Chine, cette ancienne patrie de la morale, qui a publié des loix divines, avant que l'Europe eût des coutumes.

Le tems de l'exécution des neuf accusés aprochait, lorsque le papier qu'on appelle *des sessions*, tomba entre les mains d'un philosophe nommé monsieur *Ramsay*. Il lut le procès, & le trouva absurde d'un bout à l'autre. Cette lecture l'indigna : il se mit à écrire une feuille, dans laquelle il pose pour principe, que le premier devoir des jurés est d'avoir le sens commun. Il fit voir que madame *Web* & ses deux cousins, & tout le reste de la maison étaient formés d'une autre pâte que les autres hommes, s'ils faisaient jeuner au pain & à l'eau de petites filles, dans le dessein de les prostituer ; qu'au contraire, ils devaient les bien nourrir, & les parer pour les rendre agréables ; que des marchands ne salissent ni ne déchirent la marchandise qu'ils veulent vendre. Il fit voir que jamais miss *Canning* n'avait été dans cette maison, qu'elle n'avait fait que répéter ce que la bêtise de sa tante lui avait suggeré ; que le bon homme *Adamson* avait par excès de zéle produit cet extravagant procès criminel; qu'enfin il en allait couter la vie à neuf citoyens, parce que miss *Canning* était jolie, & qu'elle avait menti.

La servante qui avait avoué amicalement au shérif tout ce qui n'était pas vrai, n'avait pû se dédire juridiquement. Quiconque a rendu un faux témoignage par entousiasme ou par crainte, le soutient d'ordinaire, & ment, de peur de passer pour un menteur.

C'est en vain, dit Mr. *Ramsay*, que la loi veut que deux témoins fassent pendre un accusé. Si mr. le chancelier & mr. l'archevêque de Cantorbéri déposaient qu'ils m'ont vû assassiner mon père & ma mère, & les manger tout entiers à mon déjeuner en un demi-quart d'heure, il faudrait mettre à Bedlam mr. le chancelier & mr. l'archevêque, plutôt que de me brûler sur leur beau témoignage. Mettez d'un côté une chose absurde & impossible, & de l'autre mille témoins & mille raisonneurs, l'impossibilité doit démentir les témoignages & les raifonnemens.

Cette petite feuille fit tomber les écailles des yeux de mr. le shérif & des jurés. Ils furent obligés de revoir le procès : il fut avéré que mifs *Canning* était une petite friponne qui était allée accoucher, pendant qu'elle prétendait avoir été en prifon chez madame *Web* ; & toute la ville de Londres qui avait pris parti pour elle, fut auffi honteufe qu'elle l'avait été lorfqu'un charlatan propofa de fe mettre dans une bouteille de deux pintes, & que deux mille perfonnes étant venues à ce fpectacle, il emporta leur argent, & leur laiffa fa bouteille.

Il fe peut qu'on fe foit trompé fur quelques circonftances de cet événement; mais les principales font d'une vérité reconnue de toute l'Angleterre.

HISTOIRE
DES
CALAS.

Cette avanture ridicule ferait devenue bien tragique, s'il ne s'était pas trouvé un philofophe qui lût par hazard les papiers publics. Plût à Dieu que dans un procès non moins abfurde & mille fois plus horrible, il y eût eu dans Touloufe un philofophe au milieu de tant de pénitens blancs ! on ne gémirait pas aujourd'hui fur le fang de l'innocence que le préjugé a fait répandre. *

Il y eut pourtant à Touloufe un fage, qui éleva fa voix contre les cris de la populace éfrénée, & contre les préjugés des magiftrats prévenus. Ce fage qu'on ne peut trop bénir était Mr. de la *Salle* confeiller au parlement qui devait être un des juges.

Il

---

* NB. Voyez la lettre de la veuve *Calas* & la réponfe de *Donat Calas* fon fils. Voyez auffi les mémoires.

Il s'expliqua d'abord sur l'irrégularité du monitoire ; il condamna hautement la précipitation avec laquelle on avait fait trois services solemnels à un homme qu'on devait probablement trainer sur la claye ; il déclara qu'on ne devait pas ensevelir en catholique, & canoniser en martyr, un mort qui selon toutes les aparences s'était défait lui-même, & qui certainement n'était point catholique. On savait que maître *Chalier* avocat au parlement avait déposé que *Marc-Antoine Calas*, (qu'on suposait devoir faire abjuration le lendemain,) avait au contraire le dessein d'aller à Genéve, se proposer pour être reçu pasteur des églises protestantes.

Le sieur *Caseing* avait entre les mains une lettre de ce même *Marc-Antoine*, dans laquelle il traitait de *déserteur* son frère *Louïs* devenu catholique. *Nôtre déserteur*, disait-il dans cette lettre, *nous tracasse*. Le curé de St. Etienne avait déclaré autentiquement que *Marc-Antoine Calas* était venu lui demander un certificat de catholicité, & qu'il n'avait pas voulu se charger de la prévarication de donner un certificat de catholicité à un protestant.

A v

Monsieur le conseiller de la *Salle* pesait toutes ces raisons ; il ajoûtait surtout, que selon la disposition des ordonnances, & celle du droit romain, suivi dans le Languedoc, *il n'y a ni indice ni présomption, fût-elle de droit, qui puisse faire regarder un père comme coupable de la mort de son fils, & balancer la présomption naturelle & sacrée, qui met les pères à l'abri de tout soupçon du meurtre de leurs enfans.*

Enfin, ce digne magistrat trouvait que le jeune *La Vaisse* étranger à toute cette horrible avanture, & la servante catholique, ne pouvant être acusés du meurtre prétendu de *Marc-Antoine Calas*, devaient être regardés comme témoins, & que leur témoignage nécessaire ne devait pas être ravi aux acusés.

Fondé sur tant de raisons invincibles, & pénétré d'une juste pitié, Mr. de la *Salle* en parla avec le zèle que donnent la persuasion de l'esprit, & la bonté du cœur. Un des juges lui dit, *Ah ! monsieur, vous êtes tout Calas. Ah ! monsieur, vous êtes tout peuple*, répondit Mr. de la *Salle*.

Il est bien triste que cette noble chaleur qu'il

faifait paraître ait fervi au malheur de la famille dont fon équité prenait la défenfe; car s'étant déclaré avec tant de hauteur & en public, il eut la délicateffe de fe recufer; & les *Calas* perdirent un juge éclairé, qui probablement aurait éclairé les autres.

Mr. la B⬛⬛, au contraire, qui s'était déclaré pour les préjugés populaires, & qui ayant marqué un zèle que lui-même croyait outré; Mr. *La B⬛⬛*, qui avait renoncé auffi à juger cette affaire, qui s'était retiré à la campagne, près d'Alby, en revint pourtant pour condamner un père de famille à la roue.

Il n'y avait, comme on l'a déja dit, & comme on le dira toujours, aucune preuve contre cette famille infortunée, on ne s'apuyait que fur des indices. Eh quels indices encor! la raifon humaine en rougit.

Le fieur *David*, capitoul de Touloufe, avait confulté le boureau fur la manière dont *Marc-Antoine Calas* avait pû être pendu; & ce fut l'avis du boureau qui prépara l'arrêt, tandis qu'on négligeait les avis de tous les avocats.

Quand on alla aux opinions, le raporteur ne

délibéra que fur *Calas* père, & opina que ce père innocent „ fût condamné à être d'abord apliqué à „ la queſtion ordinaire & extraordinaire pour „ avoir révélation de ſes complices, être enſuite „ rompu vif, expirer ſur la rouë, après y avoir „ demeuré deux heures, & être enſuite brûlé.

Cet avis fut ſuivi par ſix juges; trois autres opinèrent à la queſtion ſeulement; deux autres furent d'avis qu'on vérifiât ſur les lieux s'il était poſſible que *Marc-Antoine Calas* eût pu ſe pendre lui-même; un ſeul opina à mettre *Jean Calas* hors de cour.

Enfin, après de très-longs débats, la pluralité ſe trouva pour la queſtion ordinaire & extraordinaire, & pour la rouë.

Ce malheureux père de famille, qui n'avait jamais eu de querelle avec perſonne, qui n'avait jamais batu un ſeul de ſes enfans, ce faible vieillard de ſoixante-huit ans, fut donc condamné au plus horrible des ſuplices, pour avoir étranglé & pendu de ſes débiles mains, en haine de la religion catholique, un fils robuſte & vigoureux qui n'avait pas plus d'inclination pour cette religion catholique que le père lui-même.

Interrogé sur ses complices au milieu des horreurs de la question, il répondit ces propres mots; *Hélas ! où il n'y a point de crime peut-il y avoir des complices ?*

Conduit de la chambre de la question au lieu du suplice, la même tranquilité d'ame l'y acompagna. Tous ses concitoyens qui le virent passer sur le chariot fatal, en furent atendris ; le peuple même qui depuis quelque tems était revenu de son fanatisme, versait sur son malheur des larmes sincères. Le commissaire qui présidait à l'éxécution prit de lui le dernier interrogatoire ; il n'eut de lui que les mêmes réponses. Le père *Bourges*, religieux jacobin, & professeur en théologie, qui avec le père *Caldagues*, religieux du même ordre, avait été chargé de l'assister dans ses derniers momens, & surtout de l'engager à ne rien celer de la vérité, le trouva tout disposé à offrir à Dieu le sacrifice de sa vie pour l'expiation de ses péchés ; mais autant qu'il marquait de résignation aux décrets de la providence, autant il fut ferme à défendre son innocence & celle des autres prévenus.

Un seul cri, fort modéré, lui échapa au premier coup qu'il reçut, les autres ne lui arrachèrent aucune plainte. Placé enfuite fur la rouë pour y atendre le moment qui devait finir fon fuplice & fa vie, il ne tint que des difcours remplis de fentimens de chriftianifme; il ne s'emporta point contre fes juges; fa charité lui fit dire qu'il ne leur imputait pas fa mort, & qu'il fallait qu'ils euffent été trompés par de faux témoins. Enfin, lorfqu'il vit le moment où l'exécuteur fe difpofait à le délivrer de fes peines, fes dernières paroles au père *Bourges*, furent celles-ci: „ Je meurs „ innocent; JESUS - CHRIST qui était l'innocence „ même, a bien voulu mourir par un fuplice „ plus cruel encore. Je n'ai point de regret à une „ vie dont la fin va, je l'efpère, me conduire à „ un bonheur éternel. Je plains mon époufe & „ mon fils; mais ce pauvre étranger à qui je „ croyais faire politeffe en le priant à fouper, „ ce fils de Mr. *La Vaiſſe*, augmente encor mes „ regrets.

Il parlait ainfi, lorfque le capitoul, premier auteur de cette cataftrophe, qui avait voulu être témoin de fon fuplice & de fa mort, quoiqu'il ne fût pas nommé commiffaire, s'aprocha de lui, & lui cria, *Malheureux! voici le bucher qui va reduire ton corps en cendres, dis la vérité.* Le Sr. *Calas* ne fit pour toute réponse que détourner un peu la tête, & au même instant l'exécuteur fit son office, & lui ôta la vie.

Quoique *Jean Calas* soit mort protestant, le père *Bourges*, & le père *Caldagues* son collègue, ont donné à sa mémoire les plus grands éloges; C'est ainsi, ont-ils dit à quiconque a voulu les entendre, c'est ainsi que moururent autrefois nos martirs; & même sur un bruit qui courut que le Sr. *Calas* s'était démenti, & avait avoué son prétendu crime, le père *Bourges* crut devoir aller lui-même rendre compte aux juges des derniers sentimens de *Jean Calas*, & les assurer qu'il avait toujours protesté de son innocence & de celle des autres acusés.

Après cette étrange exécution, on commença par juger *Pierre Calas* le fils; il était regardé comme le plus coupable de ceux qui restaient en vie; voici sur quel fondement.

Un jeune homme du peuple, nommé *Cazeres*, avait été apellé de Montpelier pour dépo-

fer dans la continuation d'information; il avait déposé qu'étant en qualité de garçon chez un tailleur nommé *Bou*, qui ocupait une boutique dépendante de la maison du Sr. *Calas*, le Sr. *Pierre Calas* étant entré un jour dans cette boutique, la dlle *Bou* entendant sonner la bénédiction, ordonna à ses garçons de l'aller recevoir; sur quoi *Pierre Calas* lui dit; „Vous ne pensez qu'à vos bé-
„nédictions, on peut se sauver dans les deux re-
„ligions, deux de mes frères pensent comme moi,
„si je savais qu'ils voulussent changer, je serais en
„état de les poignarder, & si j'avais été à la place
„de mon père quand *Louïs Calas* mon autre frère
„se fit catholique, je ne l'aurais pas épargné."

Pourquoi affecta-t-on de faire venir ce témoin de Montpelier, pour déposer d'un fait que ce témoin prétendait s'être passé devant la demoiselle *Bou*, & deux de ses garçons qui étaient tous à Toulouse? pourquoi ne voulut-on pas faire ouïr la demoiselle *Bou* & ces deux garçons, surtout après qu'il eut été avancé dans les mémoires des *Calas* que la demoiselle *Bou* & ces deux garçons soutenaient fortement que tout ce que *Cazeres* avait osé dire n'était qu'un mensonge dicté par ſes ennemis, & par la haine des partis ? Quoi ! le nommé *Cazeres* a entendu publiquement ce qu'on diſait à ſes maîtres, & ſes maîtres & ſes compagnons ne l'ont pas entendu ! & les juges l'écoutent, & ils n'écoutent pas ces compagnons & ces maîtres !

Ne voit-on pas que la dépoſition de ce miſérable était une contradiction dans les termes ? *On peut ſe ſauver dans les deux religions* ; c'eſt-à-dire, Dieu a pitié de l'ignorance & de la faibleſſe humaine, & moi je n'aurai pas pitié de mon frère ! Dieu accepte les vœux ſincères de quiconque s'adreſſe à lui, & moi je tuerai quiconque s'adreſſera à Dieu d'une manière qui ne me plaira pas ! Peut-on ſupoſer un diſcours rempli d'une démence ſi atroce ?

Un autre témoin, mais bien moins important, qui dépoſa que *Pierre Calas* parlait mal de la religion romaine, commença par dire : „ J'ai une aver- „ ſion invincible pour tous les proteſtans. Voilà certes un témoignage bien recevable.

C'était là tout ce qu'on avait pû raſſembler contre *Pierre Calas* : le raporteur crut y trouver une preuve aſſez forte pour fonder une condam-

nation aux galéres perpétuelles ; il fut feul de fon avis. Plufieurs opinèrent à mettre *Pierre* hors de cour, d'autres à le condamner au banniffement perpétuel ; le raporteur fe réduifit à cet avis qui prévalut.

On vint enfuite à la veuve *Calas*, à cette mère vertueufe. Il n'y avait contr'elle aucune forte de preuve, ni de préfomption, ni d'indice ; le raporteur opina néanmoins contr'elle au banniffement ; tous les autres juges furent d'avis de la mettre hors de cour & de procès.

Ce fut après cela le tour du jeune *La Vaiffe*. Les foupçons contre lui étaient abfurdes. Comment ce jeune homme de dix-neuf ans étant à Bordeaux, aurait-il été élu à Touloufe boureau des proteftans ? la mère lui aurait-elle dit, Vous venez à propos, nous avons un fils ainé à éxécuter, vous êtes fon ami, vous fouperez avec lui pour le pendre : un de nos amis devait être du fouper, il nous aurait aidés, mais nous nous pafferons bien de lui ?

Cet excès de démence ne pouvait fe foutenir plus longtems ; cependant le raporteur fut d'avis de condamner *La Vaiffe* au banniffement ; tous les autres juges, à l'exception du sieur *Darbou*, s'élevèrent contre cet avis.

Enfin, quand il fut question de la servante des *Calas*, le raporteur opina à son élargissement en faveur de son ancienne catholicité; & cet avis passa tout d'une voix.

Serait-il possible qu'il y eût à présent dans Toulouse des juges qui ne pleurassent pas l'innocence d'une famille ainsi traitée ? Ils pleurent sans doute, & ils rougissent; & une preuve qu'ils se repentent de cet arrêt cruel, c'est qu'ils ont pendant quatre mois refusé la communication du procès, & même de l'arrêt, à quiconque l'a demandé.

Chacun d'eux se dit aujourd'hui dans le fond de son cœur; ,, Je vois avec horreur tous ces ,, préjugés, toutes ces supositions qui font fré- ,, mir la nature & le sens commun. Je vois que ,, par un arrêt j'ai fait expirer sur la roue un ,, vieillard qui ne pouvait être coupable, & que ,, par un autre arrêt, j'ai mis hors de cour tuos ,, ceux qui auraient été nécessairement criminels ,, comme lui, si le crime eût été possible. Je ,, sens qu'il est évident qu'un de ces arrêts dé-

„ ment l'autre ; j'avoue que si j'ai fait mourir
„ le père sur la roue, j'ai eu tort de me borner
„ à bannir le fils, & j'avoue qu'en effet j'ai à
„ me reprocher le bannissement du fils, & la
„ mort effroyable du père, & les fers dont j'ai
„ chargé une mère respectable, & le jeune *La*
„ *Vaisse*, pendant six mois.

„ Si nous n'avons pas voulu montrer la pro-
„ cédure à ceux qui nous l'ont demandée, c'est
„ qu'elle était effacée par nos larmes ; ajoutons
„ à ces larmes la réparation qui est due à une
„ honnête famille, que nous avons précipitée
„ dans la désolation & dans l'indigence ; je ne
„ dirai pas dans l'oprobre, car l'oprobre n'est
„ pas le partage des innocents ; rendons à la mère
„ le bien que ce procès abominable lui a ravi.
„ J'ajouterais, demandons lui pardon, mais qui
„ de nous oserait soutenir sa présence ?

„ Recevons du moins des remontrances publi-
„ ques, fruit lamentable d'une publique inju-
„ stice ; nous en faisons au roi quand il de-
„ mande à son peuple des secours absolument
„ indispensables, pour défendre ce même peu-
„ ple du fer de ses ennemis ; ne soyons point

„ étonnés que la terre entiére nous en faſſe, quand
„ nous avons fait mourir le plus innocent des
„ hommes; ne voyons-nous pas que ces remon-
„ trances ſont écrites de ſon ſang?

Il eſt à croire que les juges ont fait pluſieurs fois en ſecret ces réflexions; qu'il ſerait beau de s'y livrer! & qu'ils ſont à plaindre ſi une fauſſe honte les a étouffées dans leur cœur!

Cet écrit eſt d'un témoin oculaire qui n'a aucune correſpondance avec les Calas, mais qui eſt ennemi du fanatiſme & ami de l'équité.

www.ingramcontent.com/pod-product-compliance
Lightning Source LLC
Chambersburg PA
CBHW060933050426
42453CB00010B/1998